Impressum
Verlag: BABADADA GmbH, Nedderfeld 112 , 22529 Hamburg
Geschäftsführer / Verlagsleitung: Harald Hof
Druck: Books on Demand GmbH, In de Tarpen 42, 22848 Norderstedt

Imprint
Publisher: BABADADA GmbH, Nedderfeld 112 , 22529 Hamburg, Germany
Managing Director / Publishing direction: Harald Hof
Print: Books on Demand GmbH, In de Tarpen 42, 22848 Norderstedt

école

iskola

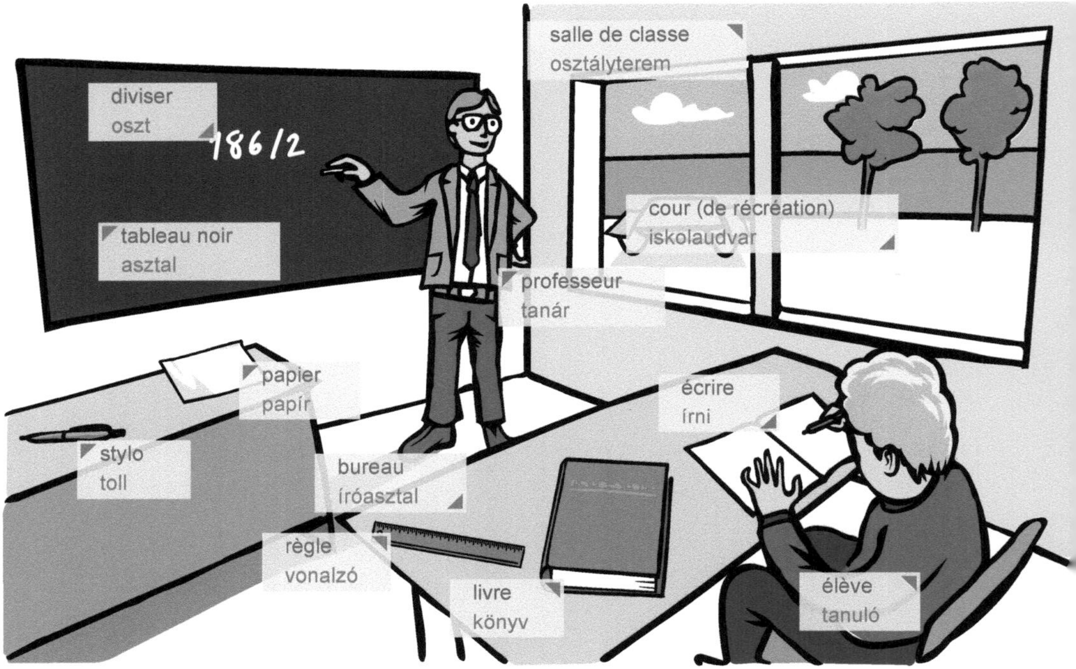

salle de classe
osztályterem
diviser
oszt
186/2
tableau noir
asztal
cour (de récréation)
iskolaudvar
professeur
tanár
papier
papír
écrire
írni
stylo
toll
bureau
íróasztal
règle
vonalzó
livre
könyv
élève
tanuló

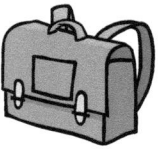

cartable

iskolatáska

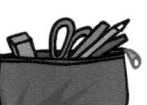

trousse

tolltartó

crayon

ceruza

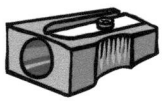

taille-crayon

ceruzahegyező

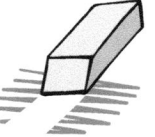

gomme

radír

carnet à dessin

rajzfüzet

dessin

rajz

pinceau

ecset

boîte de peinture

festökészlet

ciseaux

olló

colle

ragasztó

cahier d'exercices

munkafüzet

devoirs

házi feladat

chiffre

szám

additionner

összead

soustraire

kivon

multiplier

szoroz

calculer

számol

lettre

betű

alphabet

ABC

mot

szó

école - iskola

texte

szöveg

lire

olvasni

craie

kréta

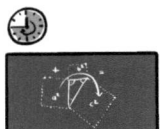

leçon

tanóra

livre de classe

napló

examen

vizsga

certificat

bizonyítvány

uniforme scolaire

iskolai egyenruha

formation

oktatás

lexique

enciklopédia

université

egyetem

microscope

mikroszkóp

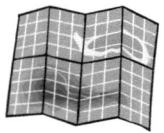

carte

térkép

corbeille à papier

papír-hulladék gyüjtő

voyage
utazás

hôtel
hotel
auberge
szállás
ROOMS
bureau de change
valutaváltó iroda
€XCHANGE
valise
bőrönd
voiture
autó

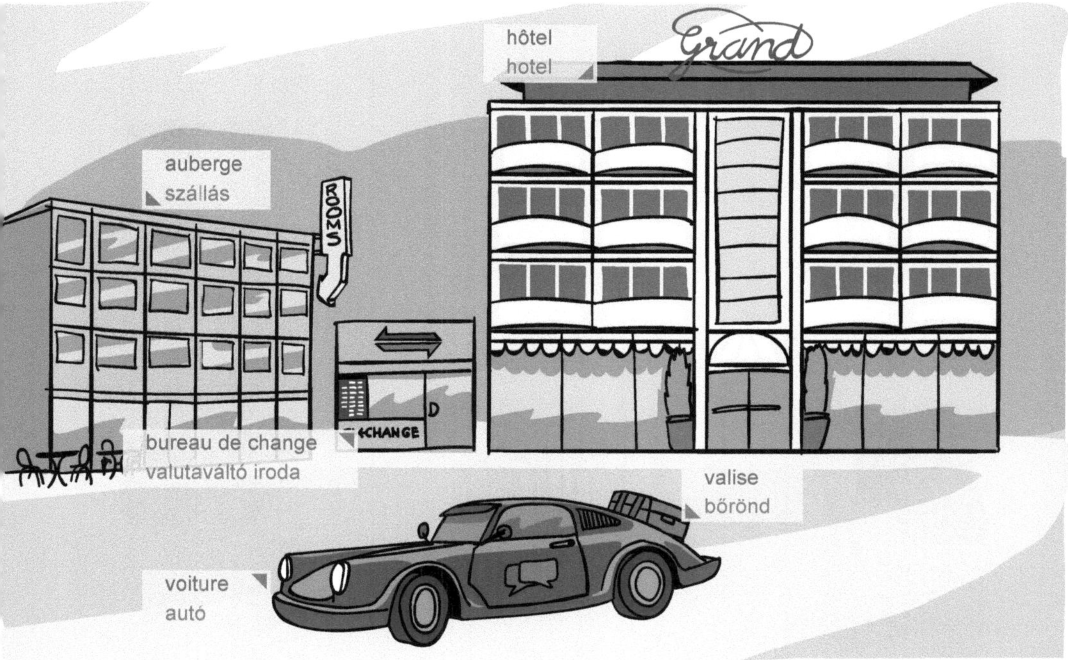

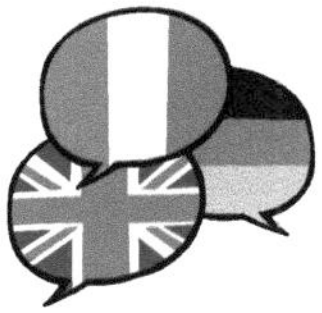

langue

nyelv

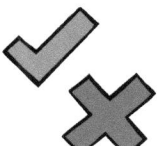

oui / non

igen/nem

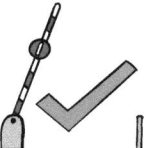

d'accord

rendben

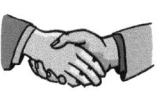

Salut

szia

interprète

fordító

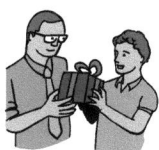

merci

köszönöm

Combien coûte...?

mennyibe kerül...?

Je ne comprends pas

nem értem

problème

probléma

Bonsoir !

Jó estét!

Bonjour !

jó reggelt!

Bonne nuit !

jó éjszakát!

Au revoir

viszontlátásra

direction

útirány

bagages

poggyász

sac

táska

sac-à-dos

hátizsák

hôte

vendég

pièce

szoba

sac de couchage

hálózsák

tente

sátor

office de tourisme
turista információ

plage
strand

carte de crédit
hitelkártya

petit-déjeuner
reggeli

déjeuner
ebéd

dîner
vacsora

billet
jegy

ascenseur
lift

timbre
bélyeg

frontière
határ

douane
vám

ambassade
nagykövetség

visa
vízum

passeport
útlevél

transport
közlekedés

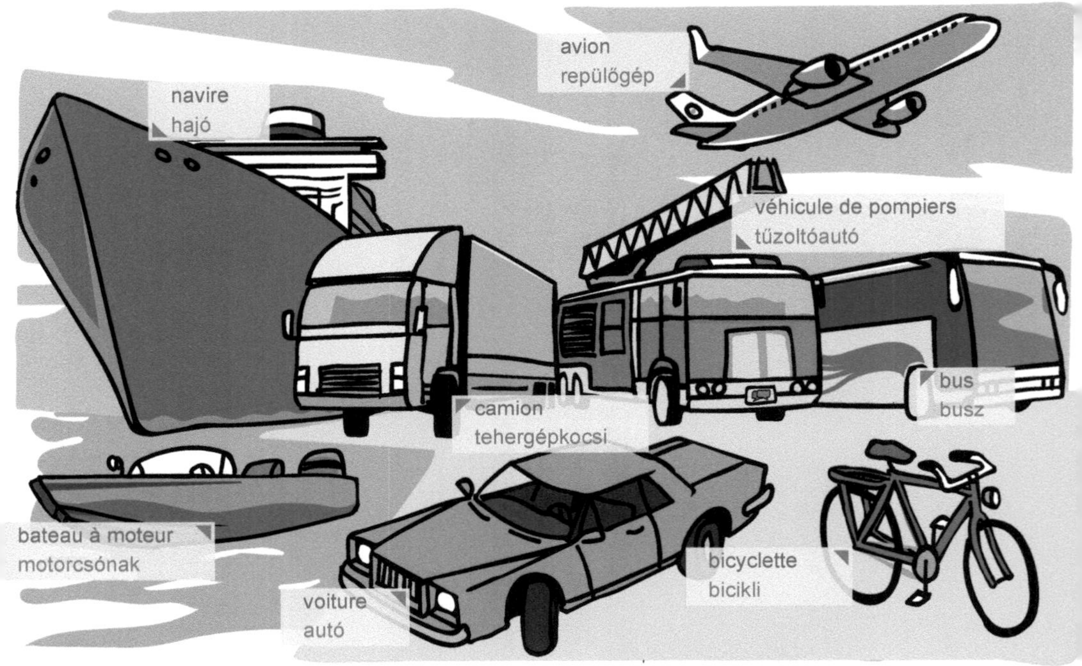
avion
repülőgép
navire
hajó
véhicule de pompiers
tűzoltóautó
bus
busz
camion
tehergépkocsi
bateau à moteur
motorcsónak
bicyclette
bicikli
voiture
autó

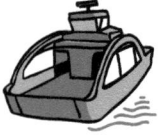

ferry
komp

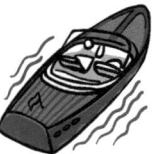

barque
csónak

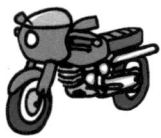

moto
motorkerékpár

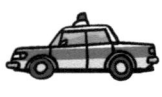

voiture de police
rendőrautó

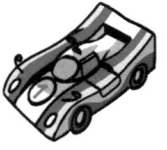

voiture de course
versenyautó

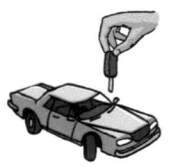

voiture de location
bérautó

auto-partage

telekocsi

voiture de remorquage

vontató

benne à ordures

szemetes autó

moteur

motor

essence

üzemanyag

station d'essence

benzinkút

panneau indicateur

közlekedési tábla

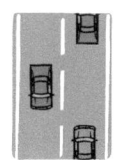

trafic

forgalom

embouteillage

forgalmi dugó

parking

parkoló

gare

vonatállomás

rails

sínek

train

vonat

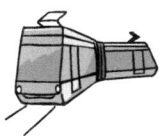

tramway

villamos

wagon

vagon

hélicoptère

helikopter

aéroport

repülőtér

tour

torony

passager

utas

conteneur

konténer

carton

kartondoboz

chariot

taliga

corbeille

kosár

décoller / atterrir

felszáll / leszáll

ville

város

village

falu

centre-ville

városközpont

maison

ház

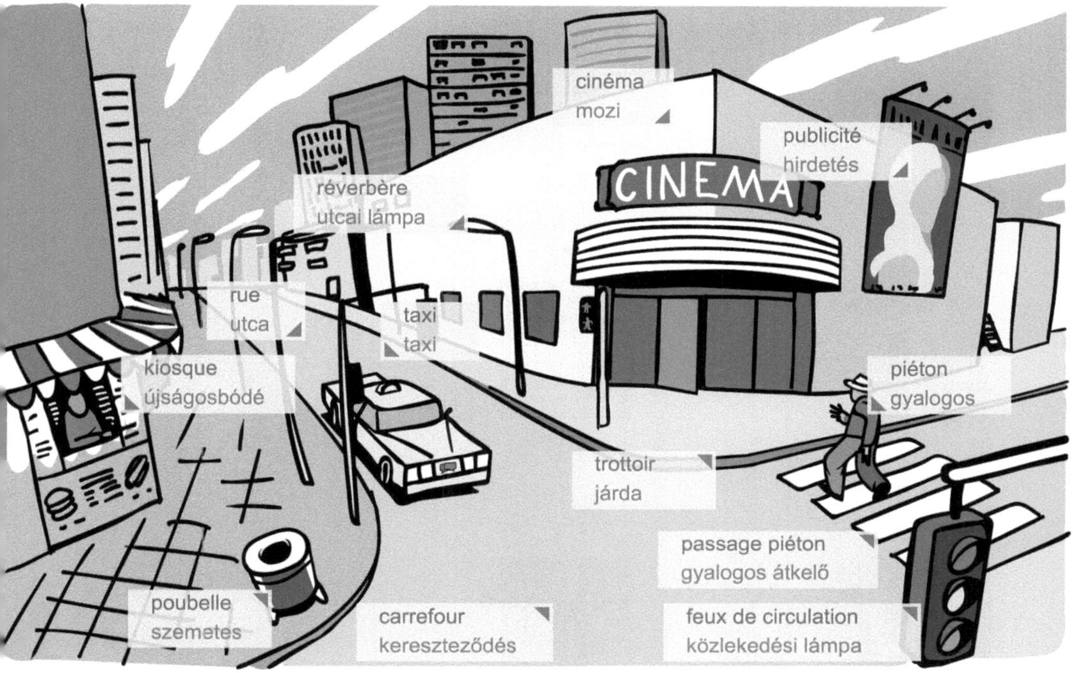

cinéma
mozi

publicité
hirdetés

réverbère
utcai lámpa

rue
utca

taxi
taxi

CINEMA

kiosque
újságosbódé

piéton
gyalogos

trottoir
járda

passage piéton
gyalogos átkelő

poubelle
szemetes

carrefour
kereszteződés

feux de circulation
közlekedési lámpa

cabane
....
kunyhó

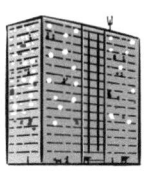

appartement
....
lakás

gare
....
vonatállomás

mairie
....
városháza

musée
....
múzeum

école
....
iskola

ville - város

11

université

egyetem

banque

bank

hôpital

kórház

hôtel

hotel

pharmacie

gyógyszertár

bureau

iroda

librairie

könyvesbolt

magasin

üzlet

fleuriste

virágüzlet

supermarché

szupermarket

marché

piac

grand magasin

áruház

poissonnerie

halárus

centre commercial

bevásárló központ

port

kikötő

parc

park

banque

pad

pont

híd

escaliers

lépcső

métro

metró

tunnel

alagút

arrêt de bus

buszmegálló

bar

bár

restaurant

étterem

boîte à lettres

postaláda

panneau indicateur

utcatábla

parcmètre

parkoló óra

zoo

állatkert

piscine

uszoda

mosquée

mecset

ferme

gazdálkodás

pollution

környezetszennyezés

cimetière

temető

église

templom

aire de jeux

játszótér

temple

szentély

paysage

táj

feuille
levél

panneau indicateur
útjelző tábla

chemin
út

pré
rét

pierre
kő

randonneur
túrázó

arbre
fa

rivière
folyó

herbe
fű

fleur
virág

vallée
völgy

montagne
domb

lac
tó

forêt
erdö

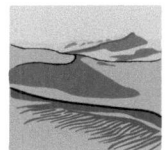

désert
sivatag

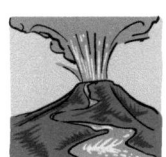

volcan
vulkán

château
kastély

arc-en-ciel
szivárvány

champignon
gomba

palmier
pálmafa

moustique
szúnyog

mouche
légy

fourmis
hangya

abeille
méhecske

araignée
pók

coléoptère

bogár

grenouille

béka

écureuil

mókus

hérisson

sündisznó

lièvre

nyúl

chouette

bagoly

oiseau

madár

cygne

hattyú

sanglier

vaddisznó

cerf

szarvas

élan

rénszarvas

barrage

gát

éolienne

szélturbina

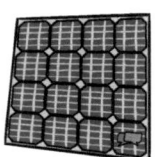

panneau solaire

napelem

climat

éghajlat

restaurant
étterem

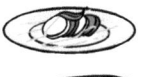

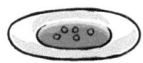

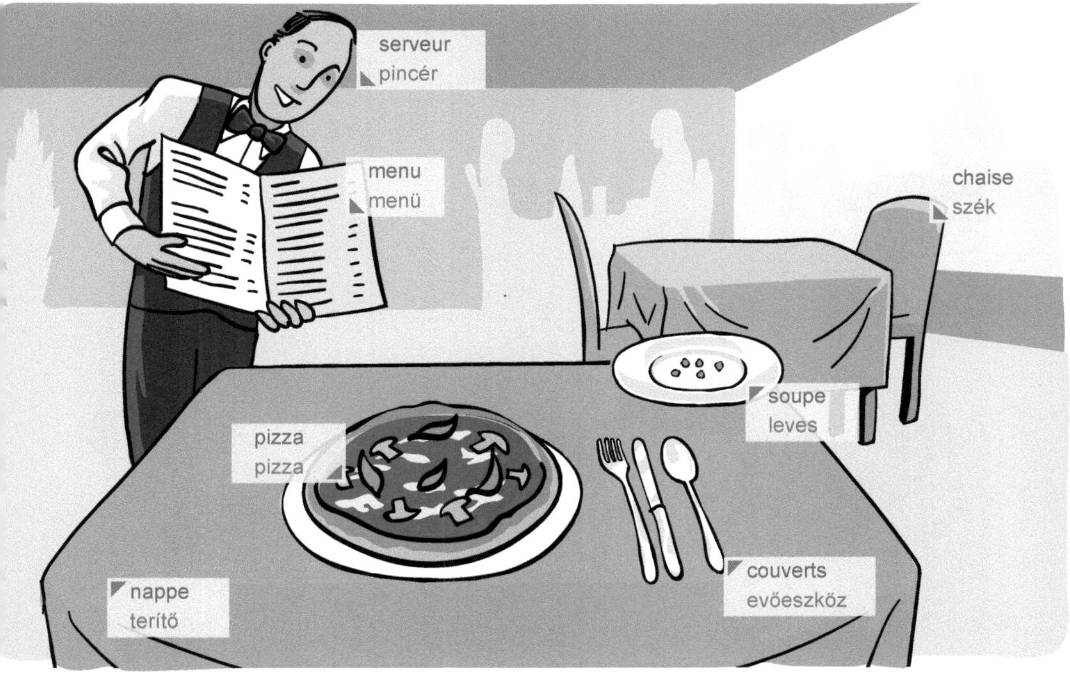

serveur
pincér
menu
menü
chaise
szék
soupe
leves
pizza
pizza
couverts
evőeszköz
nappe
terítő

hors d'œuvre
előétel

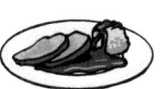

plat principal
főétel

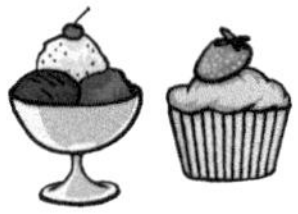

dessert
desszert

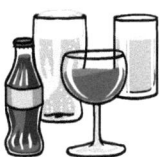

boissons
italok

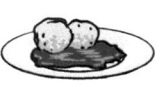

alimentation
étel

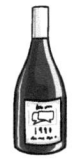

bouteille
üveg

fast-food

gyorsétel

plats à emporter

gyorsétel

théière

teás kanna

sucrier

cukortartó

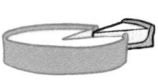

portion

adag

machine à expresso

eszpresszógép

chaise haute

bárszék

facture

számla

plateau

tálca

couteau

kés

fourchette

villa

cuillère

kanál

cuillère à thé

teáskanál

serviette

szalvéta

verre

pohár

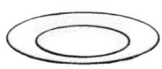

assiette

tányér

assiette à soupe

leveses tányér

soucoupe

csészealj

sauce

szósz

salière

sószóró

moulin à poivre

borsőrlő

vinaigre

ecet

huile

étkezési olaj

épices

fűszerek

ketchup

ketchup

moutarde

mustár

mayonnaise

majonéz

supermarché
szupermarket

offre promotionnelle
különleges ajánlat
client
ügyfél
produits laitiers
tejtermék
chariot
bevásárló kocsi
fruits
gyümölcsök
FOR

BUTCHERS

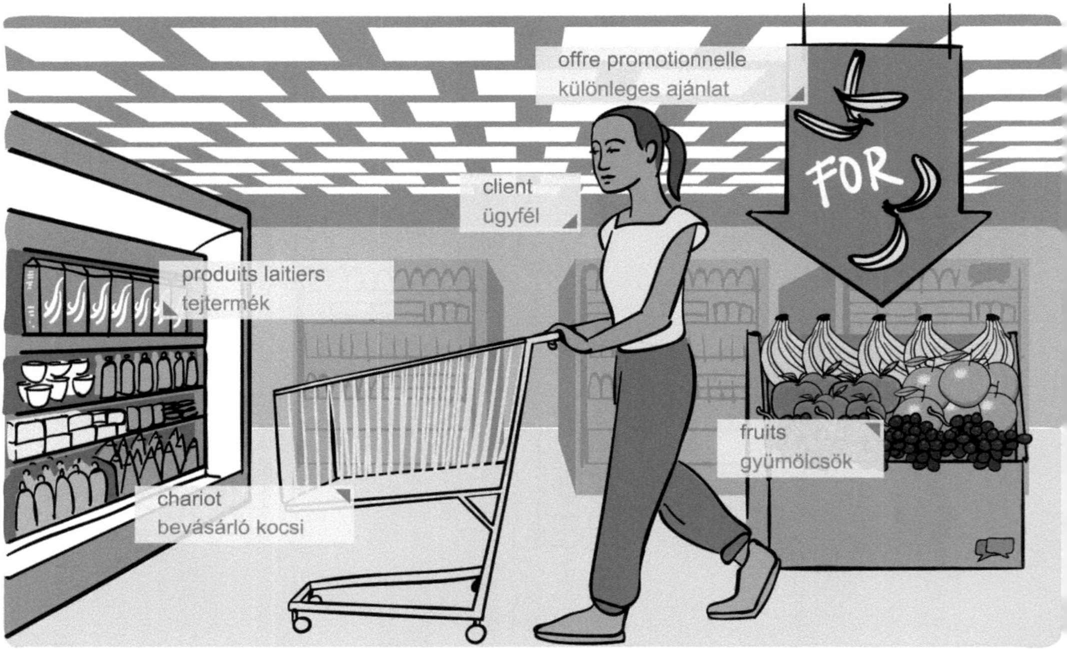

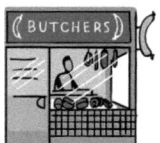

boucherie

hentes

BAKERY

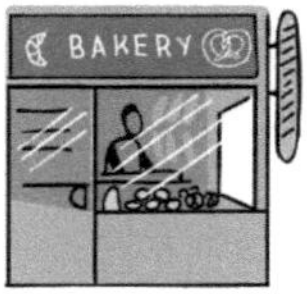

boulangerie

pékség

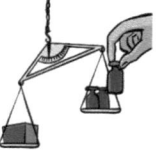

peser

nyom valamennyit

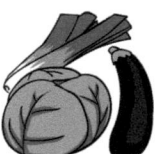

légumes

zöldség

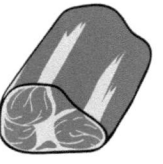

viande

hús

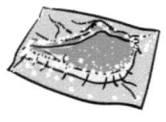

aliments surgelés

fagyasztott áru

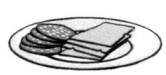

charcuterie

felvágott

conserves

konzerv

poudre à lessive

mosópor

bonbons

édességek

articles ménagers

háztartási termék

détergents

tisztítószerek

vendeuse

eladó

caisse

pénztárgép

caissier

eladó

liste d'achats

bevásárló lista

heures d'ouverture

nyitva tartás

portefeuille

levéltárca

carte de crédit

hitelkártya

sac

zacskó

sac en plastique

műanyag zacskó

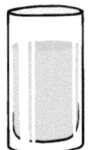

eau

víz

jus de fruit

gyümölcslé

lait

tej

coca

kóla

vin

bor

bière

sör

alcool

alkohol

chocolat chaud

kakaó

thé

tea

café

kávé

expresso

eszpresszó

cappuccino

kapucsínó

banane

banán

pomme

alma

orange

narancs

melon

sárgadinnye

citron

citrom

carotte

sárgarépa

ail

fokhagyma

bambou

bambusz

oignon

hagyma

champignon

gomba

noisettes

magvak

pâtes

nokedli

spaghetti

spagetti

riz

rizs

salade

saláta

pommes frites

sült krumpli

pommes de terre rôties

sült burgonya

pizza

pizza

hamburger

hamburger

sandwich

szendvics

escalope

hússzelet

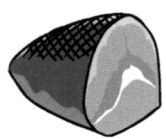

jambon

sonka

salami

szalámi

saucisse

kolbász

poulet

csirke

rôti

pecsenye

poisson

hal

flocons d'avoine

zabkása

muesli

müzli

cornflakes

kukoricapehely

farine

liszt

croissant

croissant

petits-pains

zsemle

pain

kenyér

pain grillé

pirítós kenyér

biscuits

keksz

beurre

vaj

le fromage blanc

túró

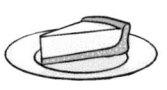

gâteau

sütemény

œuf

tojás

œuf au plat

tükörtojás

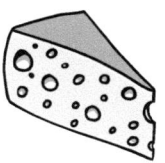

fromage

sajt

glace

jégkrém

sucre

cukor

miel

méz

confiture

lekvár

crème nougat

mogyorókrém

curry

curry

ferme
gazdálkodás

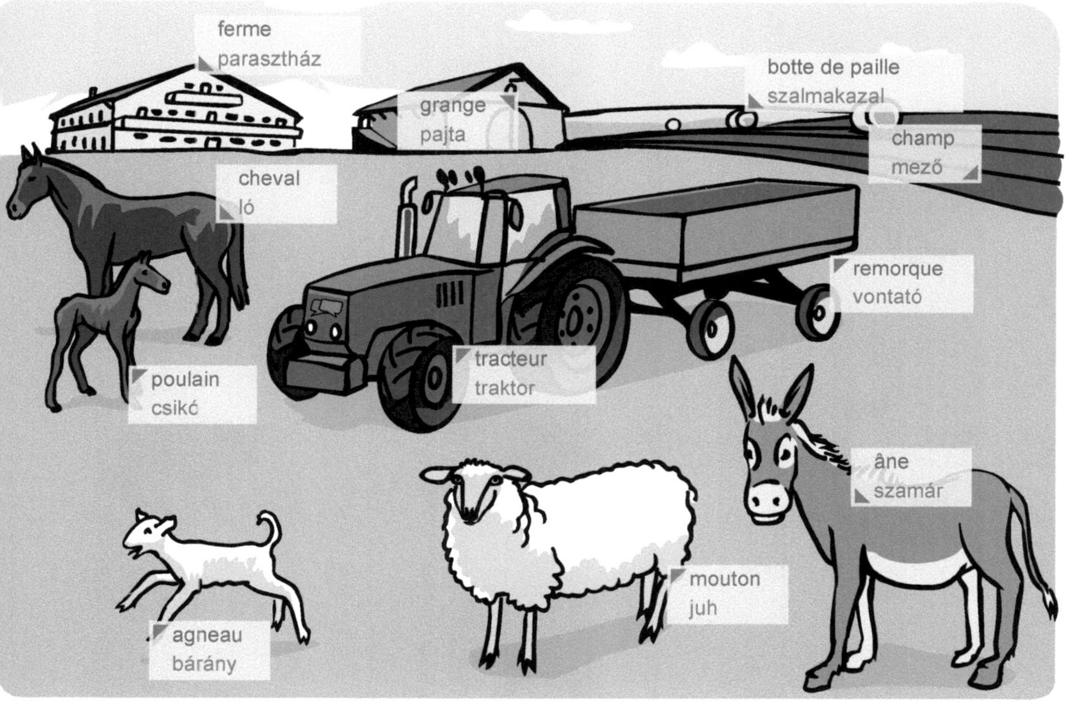
ferme
parasztház
grange
pajta
botte de paille
szalmakazal
champ
mező
cheval
ló
remorque
vontató
tracteur
traktor
poulain
csikó
âne
szamár
mouton
juh
agneau
bárány

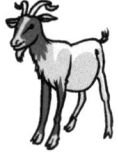

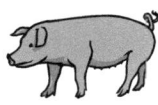

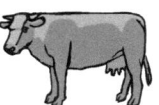

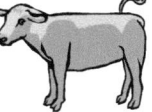

chèvre

kecske

vache

tehén

veau

borjú

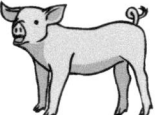

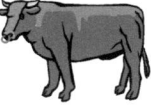

porc

malac

porcelet

kismalac

taureau

bika

oie
liba

canard
kacsa

poussin
csibe

poule
tojó

coq
kakas

rat
patkány

chat
macska

souris
egér

bœuf
ökör

chien
kutya

chenil
kutyaház

tuyau de jardin
kerti öntözöcsö

arrosoir
öntözőkanna

faucheuse
kasza

charrue
eke

faucille

sarló

pioche

kapa

fourche

vasvilla

hache

fejsze

brouette

talicska

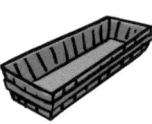

cuve

teknő

pot à lait

tejes kancsó

sac

zsák

clôture

kerítés

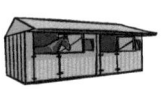

étable

istálló

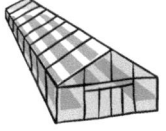

serre

üvegház

sol

talaj

semences

vetőmag

engrais

trágya

moissonneuse-batteuse

cséplőgép

récolter

szüretelni

récolte

betakarítás

igname

yamgyökér

blé

búza

soja

szója

pomme de terre

burgonya

maïs

kukorica

colza

repcemag

arbre fruitier

gyümölcsfa

manioc

manióka

céréales

gabona

maison
ház

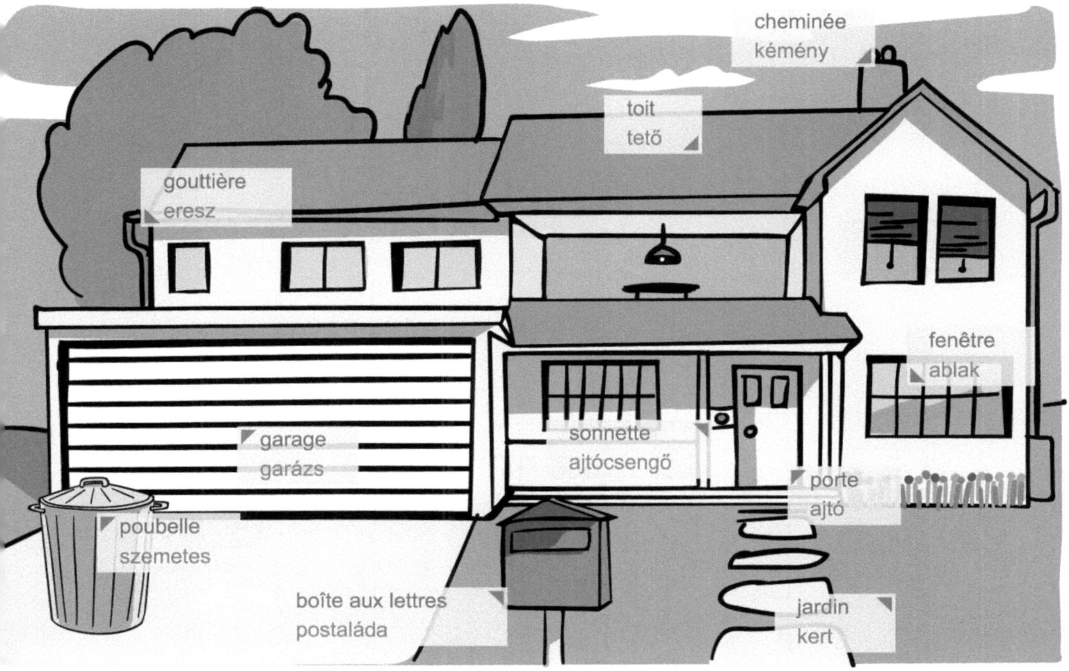
cheminée
kémény
toit
tető
gouttière
eresz
fenêtre
ablak
garage
garázs
sonnette
ajtócsengő
porte
ajtó
poubelle
szemetes
boîte aux lettres
postaláda
jardin
kert

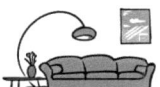

salon
nappali

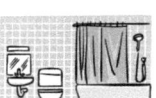

salle de bain
fürdőszoba

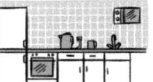

cuisine
konyha

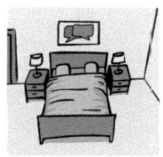

chambre à coucher
hálószoba

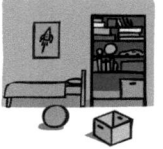

chambre d'enfant
gyerekszoba

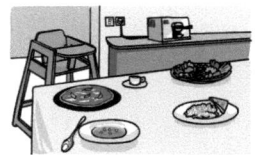

salle à manger
ebédlő

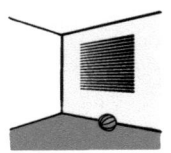

sol

padló

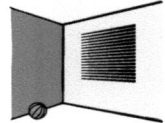

mur

fal

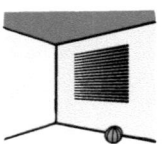

plafond

plafon

cave

pince

sauna

szauna

balcon

erkély

terrasse

terasz

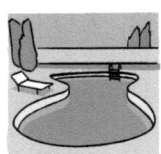

piscine

medence

tondeuse à gazon

fűnyíró

housse

lepedő

couette

ágytakaró

lit

ágy

balai

seprű

sceau

vödör

interrupteur

kapcsoló

salon
nappali

papier peint
tapéta
image
kép
lampe
lámpa
étagère
polc
armoire
szekrény
télé
televízió
cheminée
kandalló
fleur
virág
coussin
párna
sofa
kanapé
vase
váza
télécommande
távirányító

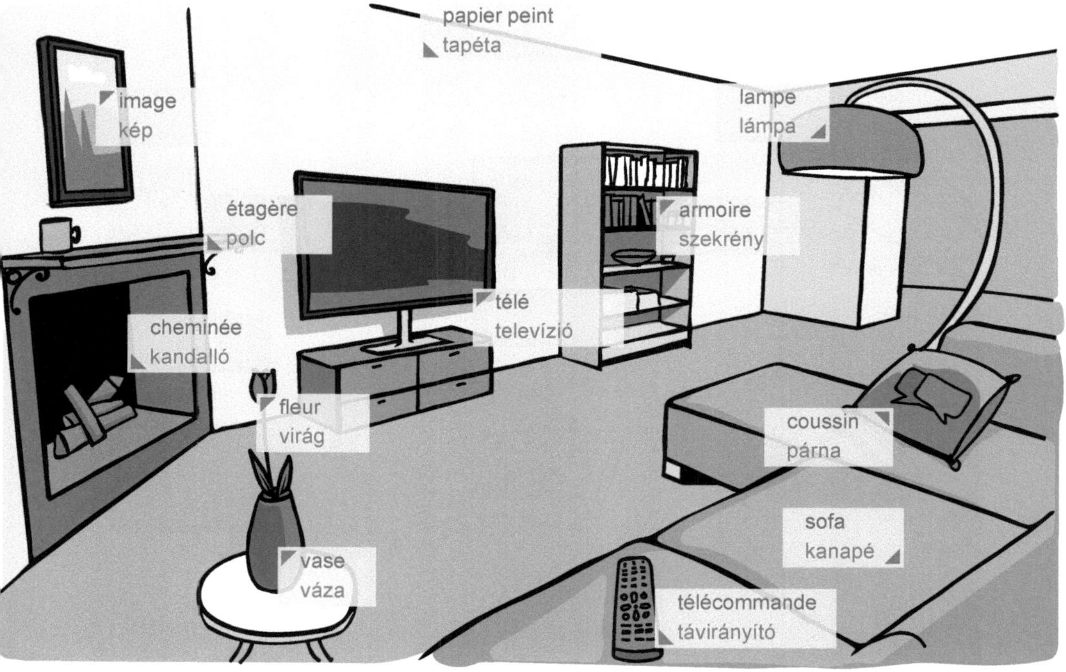

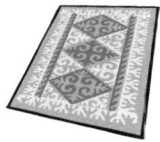

tapis

szőnyeg

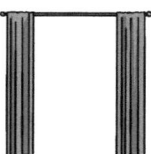

rideau

függöny

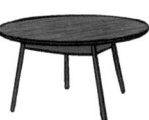

table

asztal

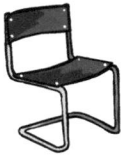

chaise

szék

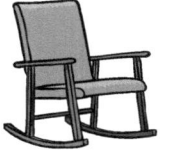

chaise à bascule

hintaszék

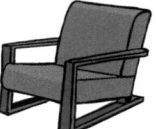

fauteuil

karosszék

livre

könyv

couverture

takaró

décoration

dekoráció

bois de chauffage

tűzifa

film

film

chaîne hi-fi

hifi

clé

kulcs

journal

újság

peinture

festmény

poster

poszter

radio

rádió

bloc-notes

jegyzetfüzet

aspirateur

porszívó

cactus

kaktusz

bougie

gyertya

cuisine
konyha

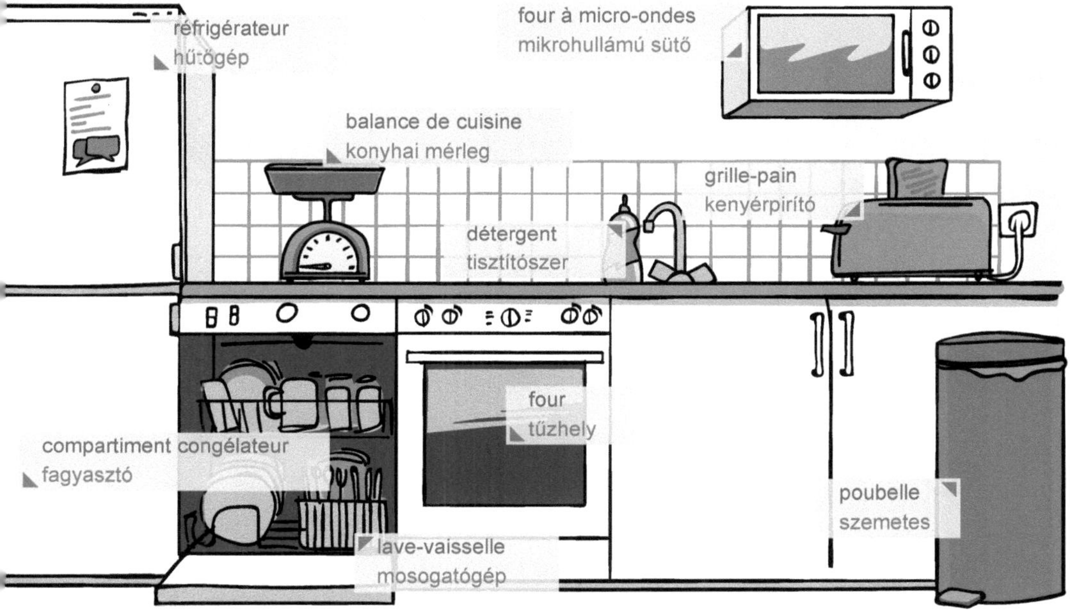
réfrigérateur
hűtőgép
four à micro-ondes
mikrohullámú sütő
balance de cuisine
konyhai mérleg
grille-pain
kenyérpirító
détergent
tisztítószer
four
tűzhely
compartiment congélateur
fagyasztó
poubelle
szemetes
lave-vaisselle
mosogatógép

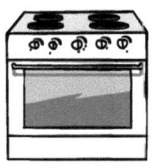

four
tűzhely

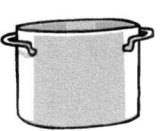

casserole
edény

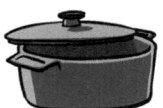

marmite
vasfazék

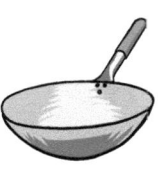

wok / kadai
wok / kadai

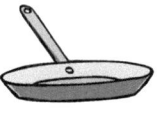

poêle
serpenyő

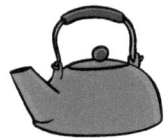

bouilloire electrique
vízforraló

cuiseur vapeur

pároló

plaque de cuisson

tepsi

vaisselle

étkészlet

gobelet

bögre

coupe

tálka

baguettes

evőpálcika

louche

merőkanál

spatule

keverőlapátka

fouet

habverő

passoire

szűrő

tamis

szita

râpe

reszelő

mortier

mozsár

barbecue

grillsütő

cheminée

kandalló

planche à découper

vágódeszka

rouleau à pâtisserie

sodrófa

tire-bouchon

dugóhúzó

boîte

doboz

ouvre-boîte

konzervnyitó

maniques

edényfogó

lavabo

mosogató

brosse

kefe

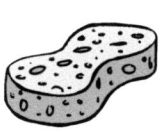

éponge

szivacs

mixeur

turmixgép

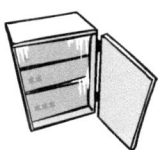

congélateur

mélyhűtő

biberon

cumisüveg

robinet

csap

salle de bain
fürdőszoba

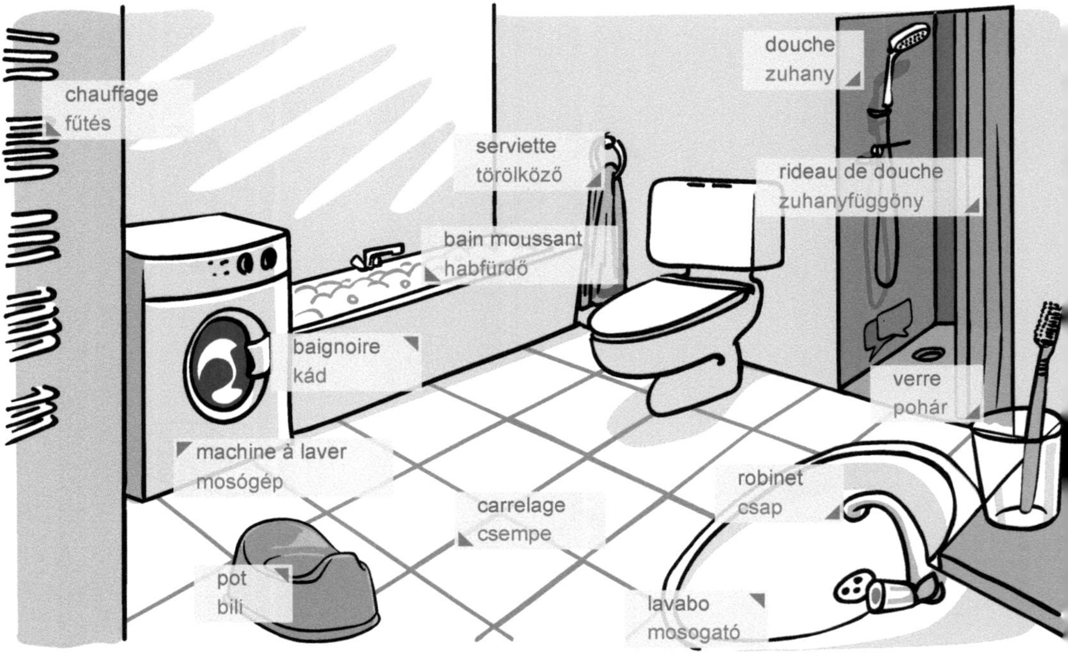
douche
zuhany
chauffage
fűtés
serviette
törölköző
rideau de douche
zuhanyfüggöny
bain moussant
habfürdő
baignoire
kád
verre
pohár
machine à laver
mosógép
robinet
csap
carrelage
csempe
pot
bili
lavabo
mosogató

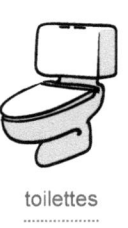

toilettes
toalett

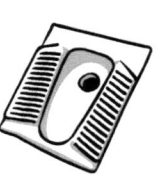

toilette à la turque
guggolós toalett

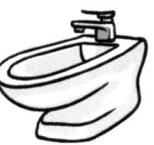

bidet
bidé

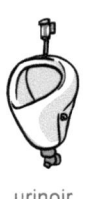

urinoir
piszoár

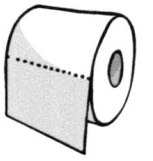

papier toilette
toalett papír

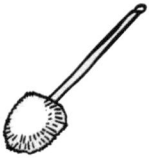

brosse à toilette
wc kefe

brosse à dents

fogkefe

dentifrice

fogkrém

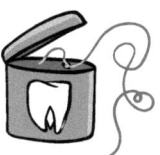

fil dentaire

fogselyem

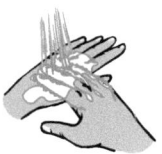

laver

mosni

douche manuelle

kézi zuhany

douche intime

intimzuhany

vasque

mosdótál

brosse dorsale

hátmosó kefe

savon

szappan

gel douche

tusfürdő

shampooing

sampon

gant de toilette

mosdókesztyű

écoulement

lefolyó

crème

krém

déodorant

dezodor

miroir

tükör

miroir cosmétique

kézitükör

rasoir

borotva

mousse à raser

borotvahab

après-rasage

borotválkozás utáni
arcszesz

peigne

fésü

brosse

hajkefe

sèche-cheveux

hajszárító

laque pour cheveux

hajlakk

fond de teint

smink

rouge à lèvres

ajakrúzs

vernis à ongles

körömlakk

ouate

vatta

coupe-ongles

körömvágó olló

parfum

parfüm

trousse de toilette

neszesszer

tabouret

sámli

pèse-personne

mérleg

peignoir

köntös

gants de nettoyage

gumikesztyű

tampon

tampon

serviettes hygiéniques

egészségügyi betét

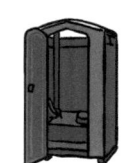

toilette chimique

vegyi WC

chambre d'enfant
gyerekszoba

réveil
ébresztő óra
doudou
plüssállat
voiture jouet
játékautó
hochet
csörgő
maison de poupée
babaház
cadeau
ajándék

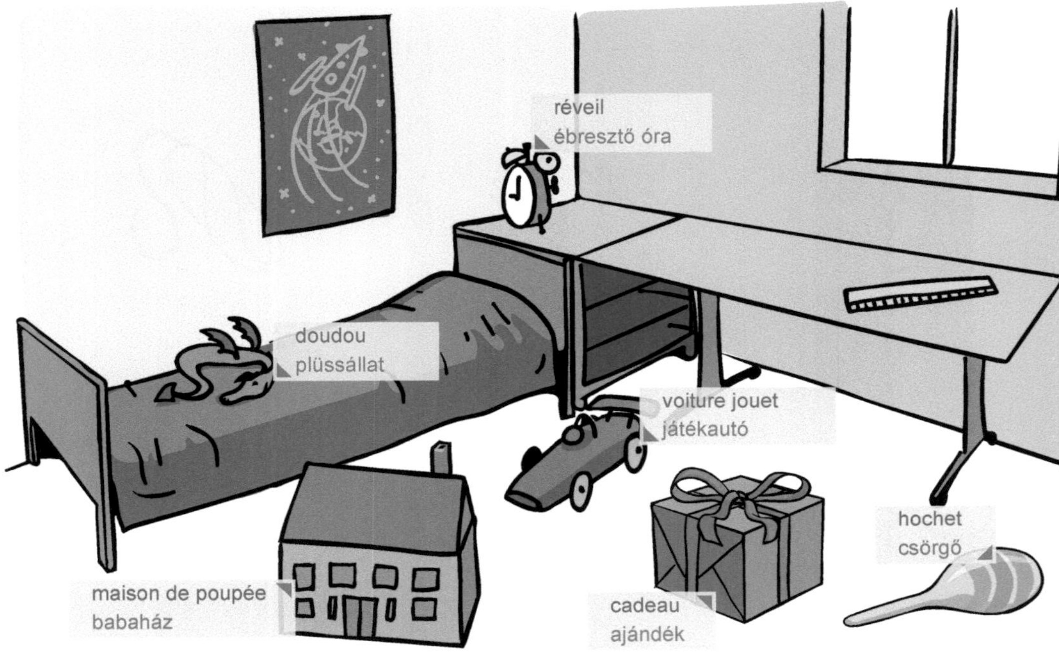

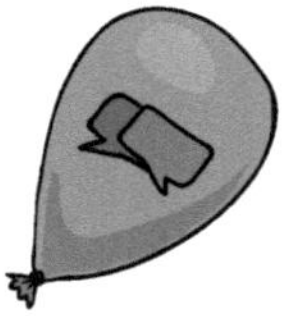

ballon
lufi

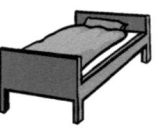

lit
ágy

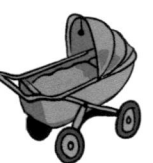

poussette
babakocsi

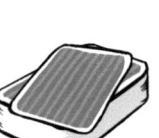

jeu de cartes
kártyapakli

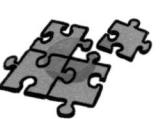

puzzle
kirakós játék

SUPER
MEGA
bande dessinée
képregény

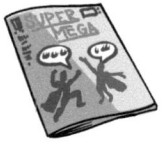

pièces lego

építőkockák

blocs de construction

építőelem

figurine

szuperhős

grenouillère

rugdalózó

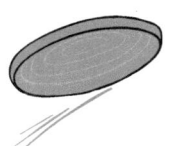

frisbee

frizbi

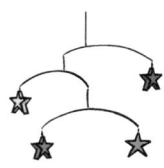

mobile

zenélő forgó

jeu de société

társasjáték

dé

kocka

train miniature

modellvasút

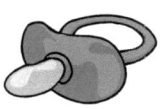

sucette

cumi

fête

zsúr

livre d'images

képeskönyv

balle

labda

poupée

baba

jouer

játszani

bac à sable

homokozó

balançoire

hinta

jouets

játékok

console de jeu

videójáték konzol

tricycle

tricikli

ours en peluche

teddi maci

armoire

ruhásszekrény

vêtements

ruházat

chaussettes

zokni

bas

harisnya

collant

harisnyanadrág

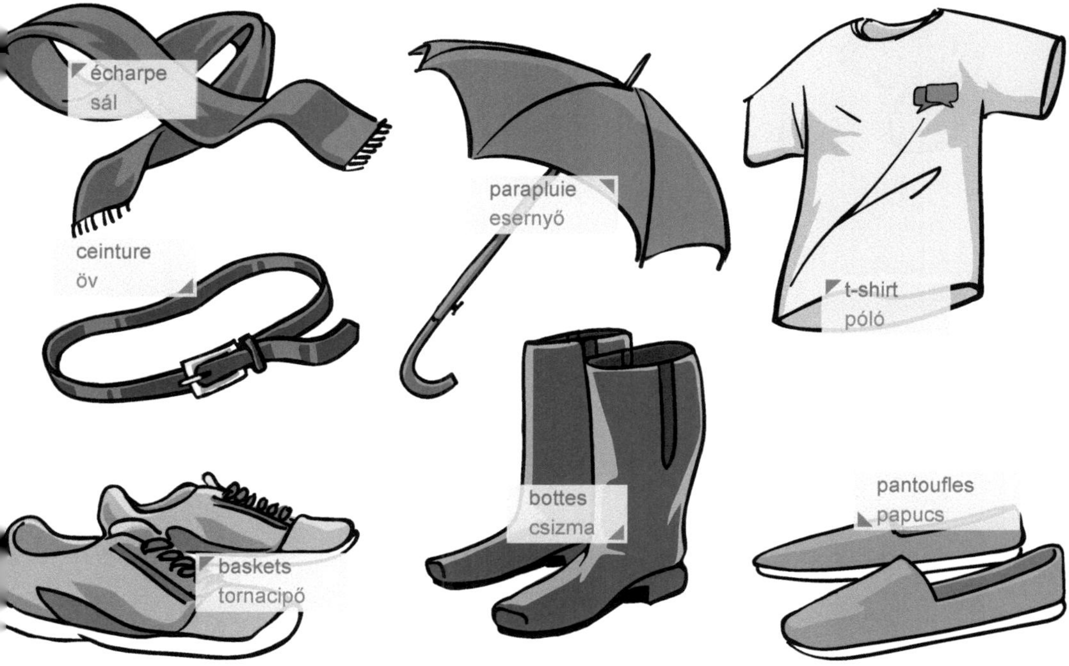

écharpe
sál

ceinture
öv

parapluie
esernyő

t-shirt
póló

baskets
tornacipő

bottes
csizma

pantoufles
papucs

sandales
szandál

chaussures
cipő

bottes de caoutchouc
gumicsizma

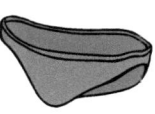
sous-vêtements
alsónadrág

soutien-gorge
melltartó

maillot de corps
mellény

body
body

pantalon
nadrág

jean
farmer

jupe
szoknya

chemisier
blúz

chemise
ing

pull
pulóver

sweat à capuche
kapucnis pulóver

veste
blézer

veste
dzseki

manteau
kabát

imperméable
esőkabát

costume
kosztüm

robe
ruha

robe de mariée
esküvői ruha

costume

öltöny

chemise de nuit

hálóing

pyjama

pizsama

sari

szári

foulard

fejkendő

turban

turbán

burqa

burka

caftan

kaftán

abaya

abaya

maillot de bain

fürdőruha

maillot de bain

fürdőnadrág

short

rövidnadrág

tenue d'entraînement

tréningruha

tablier

kötény

gants

kesztyű

bouton

gomb

lunettes

szemüveg

bracelet

karkötő

collier

nyaklánc

bague

gyűrű

boucle d'oreille

fülbevaló

bonnet

sapka

cintre

vállfa

chapeau

kalap

cravate

nyakkendő

fermeture éclair

cipzár

casque

bukósisak

bretelles

nadrágtartó

uniforme scolaire

iskolai egyenruha

uniforme

egyenruha

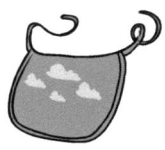

bavoir

előke

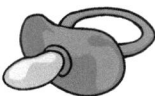

sucette

cumi

lange

pelenka

bureau
iroda

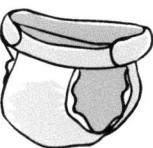

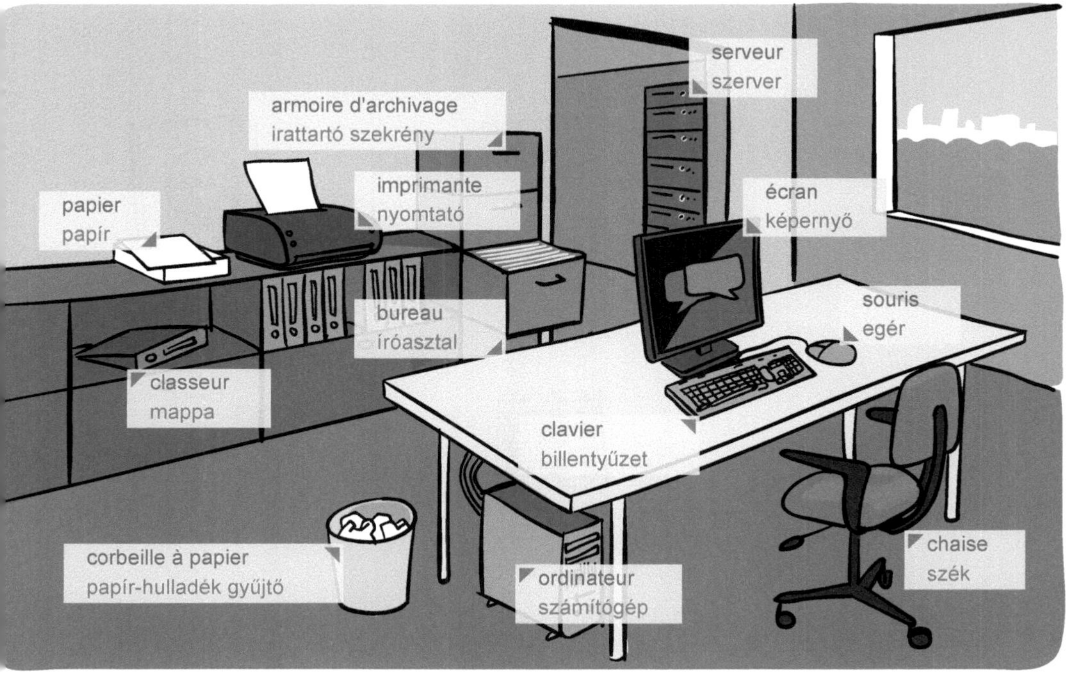

serveur
szerver
armoire d'archivage
irattartó szekrény
imprimante
nyomtató
papier
papír
écran
képernyő
souris
egér
bureau
íróasztal
classeur
mappa
clavier
billentyűzet
corbeille à papier
papír-hulladék gyűjtő
ordinateur
számítógép
chaise
szék

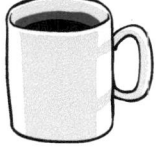

tasse de café

kávéscsésze

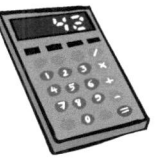

calculatrice

számológép

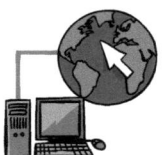

internet

internet

ordinateur portable

laptop

lettre

levél

message

üzenet

portable

mobiltelefon

réseau

hálózat

photocopieuse

fénymásoló

logiciel

szoftver

téléphone

telefon

prise

konnektor

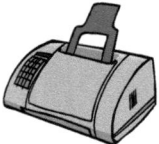

fax

faxgép

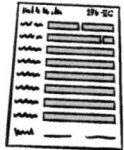

formulaire

formanyomtatvány

document

dokumentum

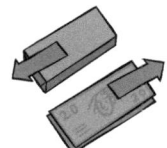

acheter

venni

payer

fizetni

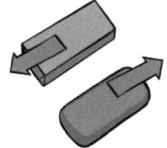

faire du commerce

kereskedni

monnaie

pénz

dollar

dollár

euro

euró

yen

jen

rouble

rubel

franc suisse

svájci frank

renminbi yuan

kínai jüan

roupie

rúpia

distributeur automatique

bankautomata

bureau de change
valutaváltó iroda

or
arany

argent
ezüst

pétrole
olaj

énergie
energia

prix
ár

contrat
szerződés

taxe
adó

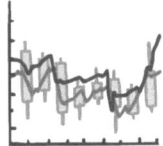

action
részvény

travailler
dolgozni

employé
munkavállaló

employeur
munkaadó

usine
gyár

magasin
üzlet

professions
foglalkozások

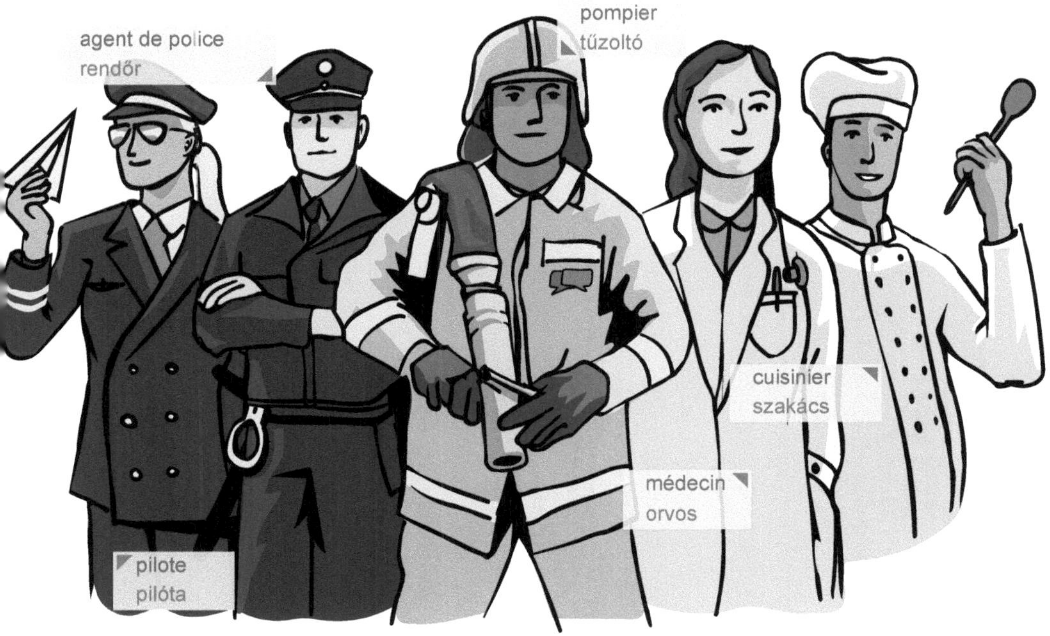

agent de police
rendőr
pompier
tűzoltó
cuisinier
szakács
médecin
orvos
pilote
pilóta

jardinier

kertész

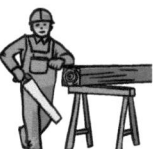

menuisier

kárpitos

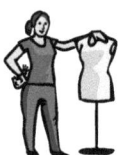

couturière

varrónő

juge

bíró

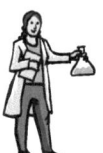

chimiste

vegyész

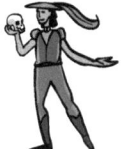

acteur

színész

conducteur de bus

buszsofőr

chauffeur de taxi

taxisofőr

pêcheur

halász

femme de ménage

bejárónő

couvreur

tetőfedő

serveur

pincér

chasseur

vadász

peintre

festő

boulanger

pék

électricien

villanyszerelő

ouvrier

építőmunkás

ingénieur

mérnök

boucher

hentes

plombier

vízvezeték-szerelő

facteur

postás

soldat

katona

architecte

építész

caissier

eladó

fleuriste

virágos

coiffeur

fodrász

contrôleur

kalauz

mécanicien

műszerész

capitaine

kapitány

dentiste

fogorvos

scientifique

tudós

rabbin

rabbi

imam

imám

moine

szerzetes

prêtre

lelkész

outils
szerszámok

marteau
kalapács
pinces
fogó
tournevis
csavarhúzó
clé
csavarkulcs
torche
elemlámpa

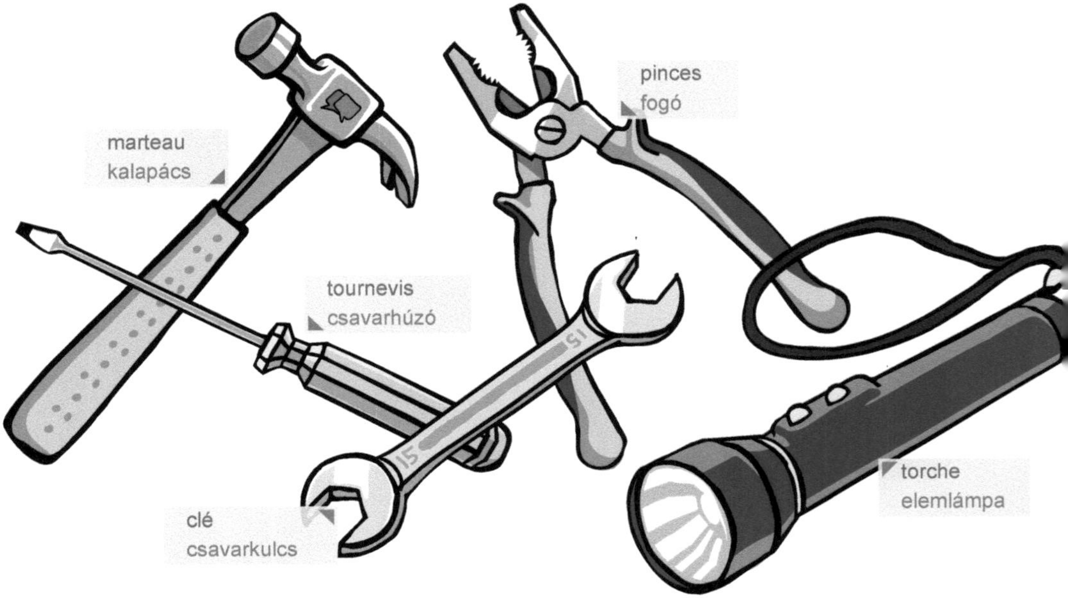

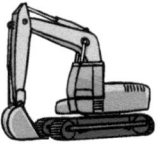

pelleteuse

markológép

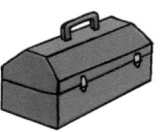

boîte à outils

szerszámosláda

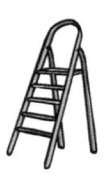

échelle

vödör

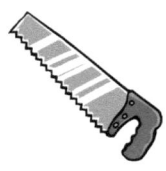

scie

fűrész

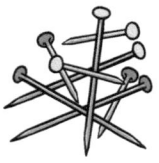

clous

szög

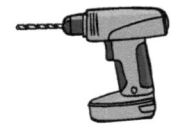

perceuse

fúrógép

réparer

megjavítani

pelle

lapát

Mince !

A francba!

pelle

szemétlapát

pot de peinture

festékesdoboz

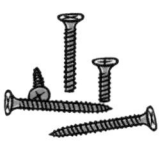

vis

csavar

instruments de musique
hangszerek

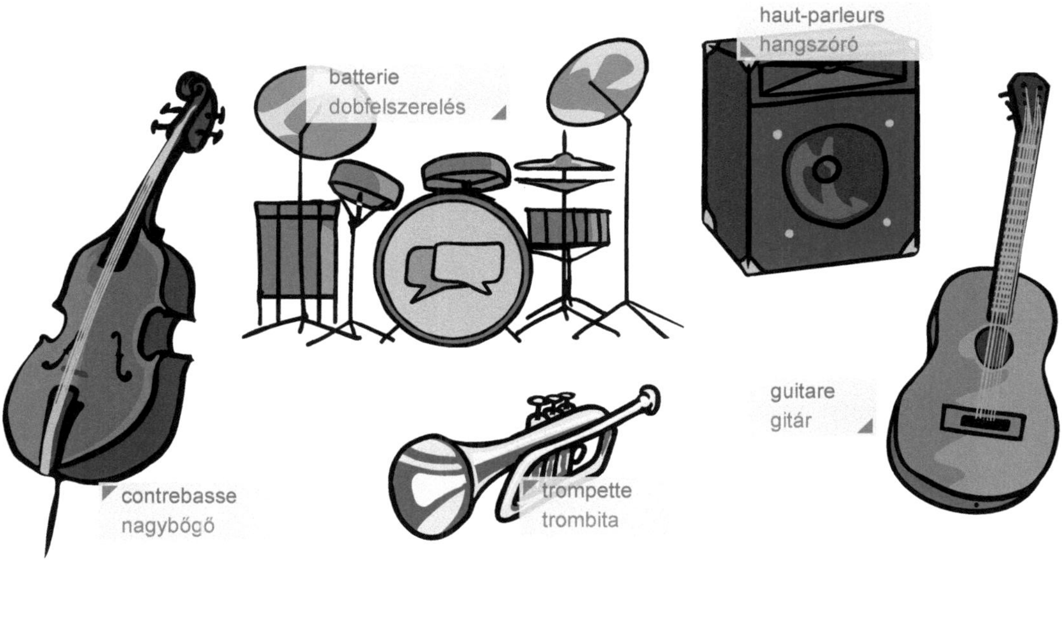

haut-parleurs
hangszóró

batterie
dobfelszerelés

guitare
gitár

contrebasse
nagybőgő

trompette
trombita

piano

zongora

violon

hegedű

basse

basszusgitár

timbales

üstdob

tambour

dobok

piano électrique

digitális zongora

saxophone

szaxofon

flûte

fuvola

microphone

mikrofon

zoo
állatkert

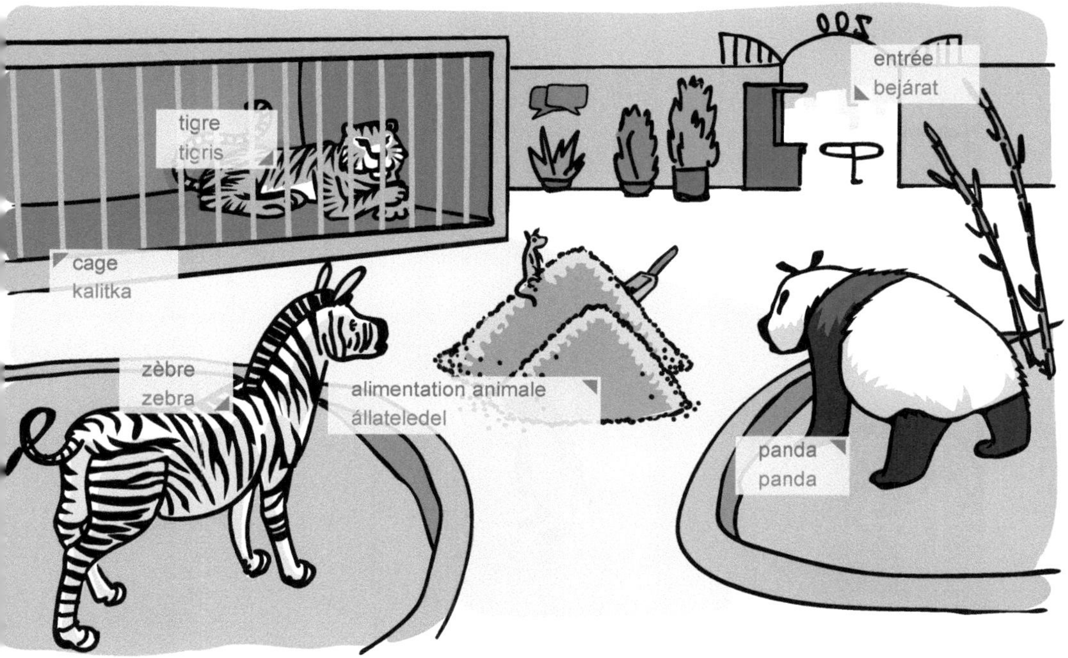
tigre
tigris
cage
kalitka
entrée
bejárat
zèbre
zebra
alimentation animale
állateledel
panda
panda

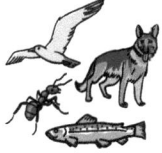

animaux

állatok

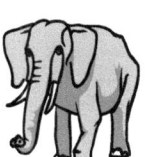

éléphant

elefánt

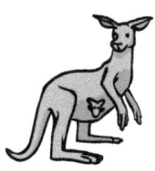

kangourou

kenguru

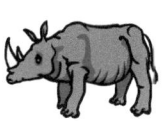

rhinocéros

orrszarvú

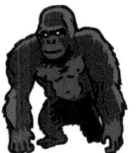

gorille

gorilla

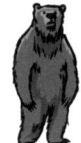

ours

medve

chameau
teve

autruche
strucc

lion
oroszlán

singe
majom

flamand rose
flamingó

perroquet
papagáj

ours polaire
jegesmedve

pingouin
pingvin

requin
cápa

paon
páva

serpent
kígyó

crocodile
krokodil

gardien de zoo
állatgondozó

phoque
fóka

jaguar
jaguár

poney

póniló

léopard

leopárd

hippopotame

víziló

girafe

zsiráf

aigle

sas

sanglier

vaddisznó

poisson

hal

tortue

teknős

morse

rozmár

renard

róka

gazelle

gazella

american Football
amerikai futball

cyclisme
kerékpározás

tennis
tenisz

basket-ball
kosárlabda

natation
úszás

boxe
boksz

hockey sur glace
jégkorong

football
futball

badminton
tollas

athlétisme
atlétika

handball
kézilabda

ski
sielés

polo
lovaspóló

activités
tevékenységek

rire
nevetni
sauter
ugrani
embrasser
ölelni
marcher
sétálni
chanter
énekelni
rêver
álmodni
prier
dicsérni
faire la bise
csókolni

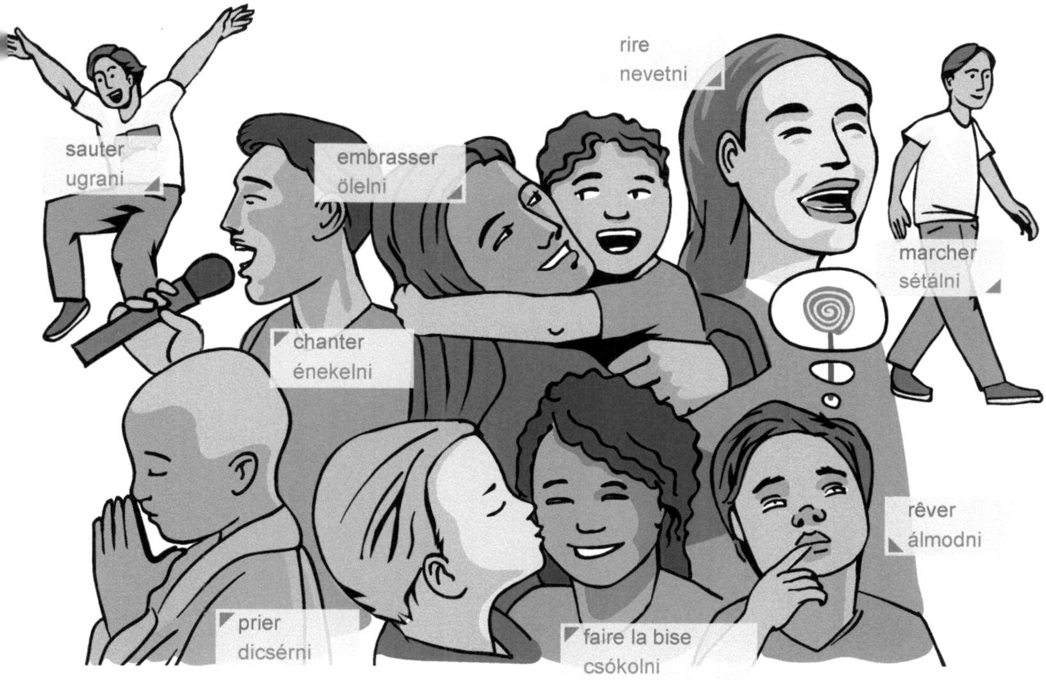

écrire

írni

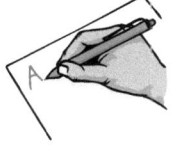

dessiner

rajzolni

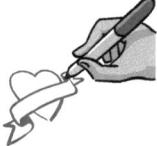

montrer

mutatni

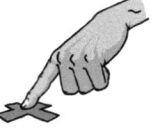

pousser

tolni

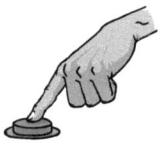

donner

adni

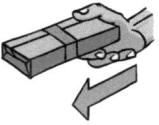

prendre

vinni

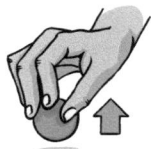

avoir

birtokolni

faire

csinálni

être

lenni

être debout

állni

courir

futni

trier

húzni

jeter

hajít

tomber

esni

être couché

hazudni

attendre

várni

porter

vinni

être assis

ülni

s'habiller

felvenni

dormir

aludni

se réveiller

felébredni

regarder

ránézni

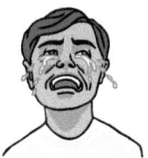

pleurer

sírni

caresser

simogat

peigner

fésülni

parler

beszélni

comprendre

megérteni

demander

kérdezni

écouter

hallgatni

boire

inni

manger

enni

ranger

takarítani

aimer

szeretni

cuire

főzni

conduire

vezetni

voler

szállni

activités - tevékenységek

faire de la voile

vitorlázni

calculer

számol

lire

olvasni

apprendre

tanulni

travailler

dolgozni

se marier

házasodni

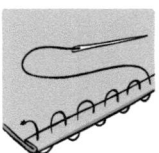

coudre

varrni

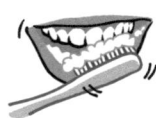

brosser les dents

fogat mosni

tuer

ölni

fumer

dohányozni

envoyer

küldeni

famille
család

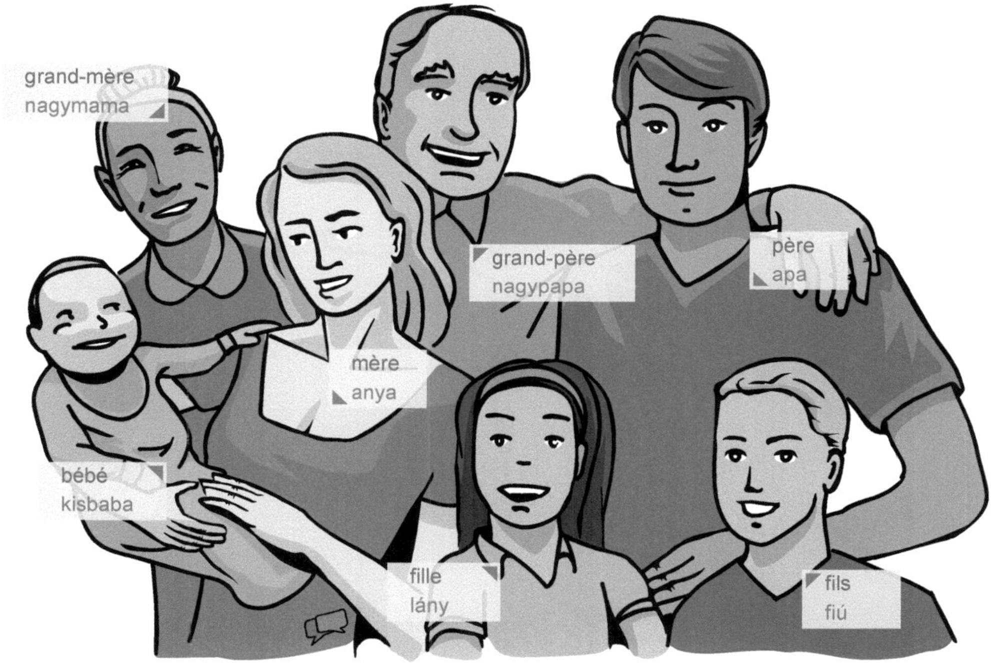
grand-mère
nagymama
grand-père
nagypapa
père
apa
mère
anya
bébé
kisbaba
fille
lány
fils
fiú

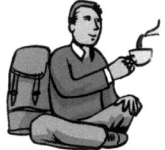

hôte

vendég

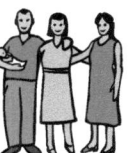

tante

nagynéni

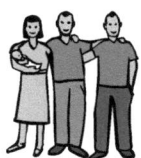

oncle

nagybácsi

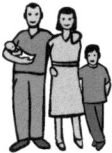

frère

fiútestvér

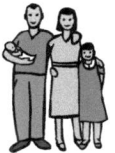

sœur

lánytestvér

corps

test

front
homlok
œil
szem
épaule
váll
doigt
ujj
visage
arc
menton
áll
main
kéz
jambe
láb
poitrine
mell
bras
kar

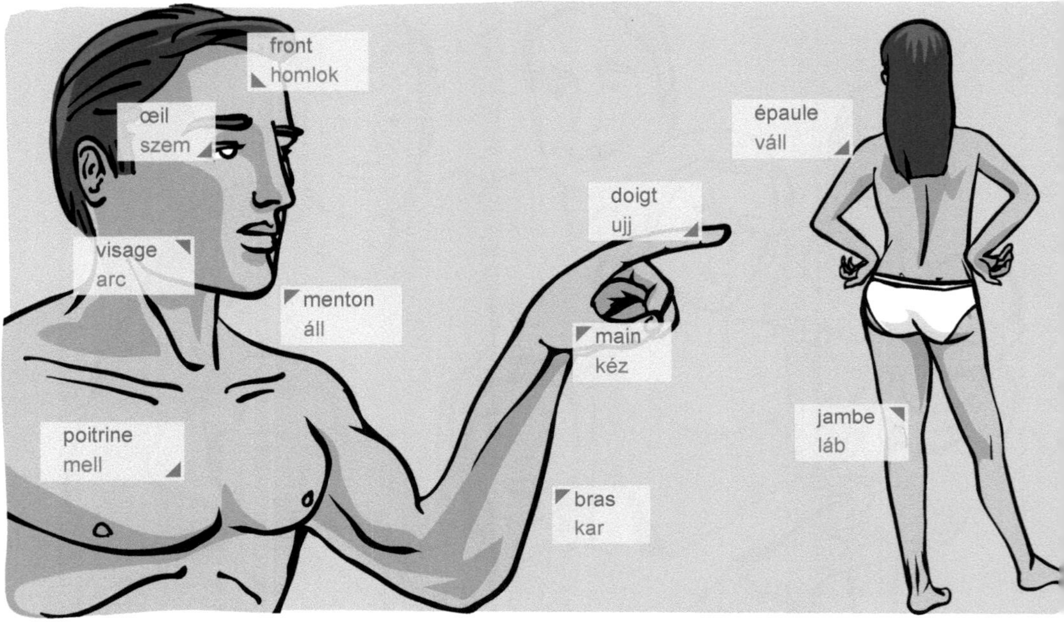

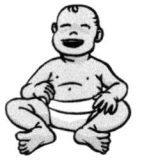

bébé

kisbaba

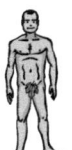

homme

ember

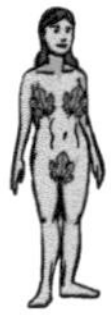

femme

nő

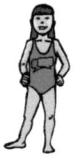

fille

lány

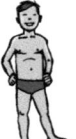

garçon

fiú

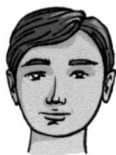

tête

fej

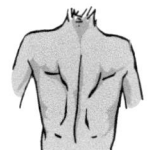

dos

hát

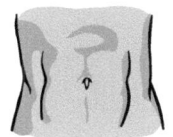

ventre

has

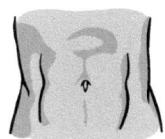

nombril

köldök

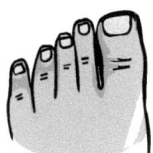

orteil

lábujj

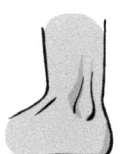

talon

sarok

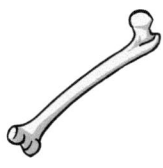

os

csont

hanche

csípő

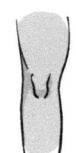

genou

térd

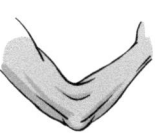

coude

könyök

nez

orr

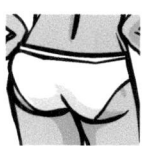

fesses

fenék

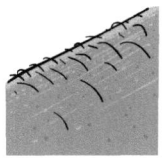

peau

bőr

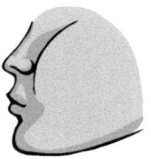

joue

orca

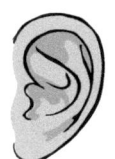

oreille

fül

lèvre

ajak

bouche

száj

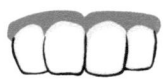

dent

fog

langue

nyelv

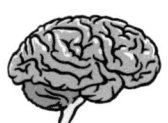

cerveau

agy

cœur

szív

muscle

izom

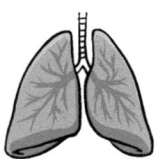

poumons

tüdő

foie

máj

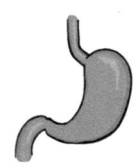

estomac

gyomor

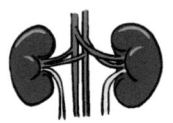

reins

vese

rapport sexuel

szex

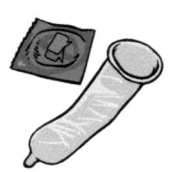

préservatif

kondom

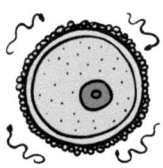

ovule

petesejt

sperme

sperma

grossesse

terhesség

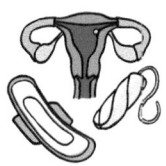

menstruation

menstruáció

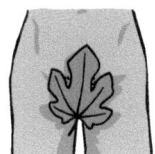

vagin

vagina

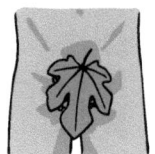

pénis

pénisz

sourcil

szemöldök

cheveux

haj

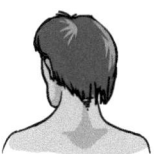

cou

nyak

hôpital
kórház

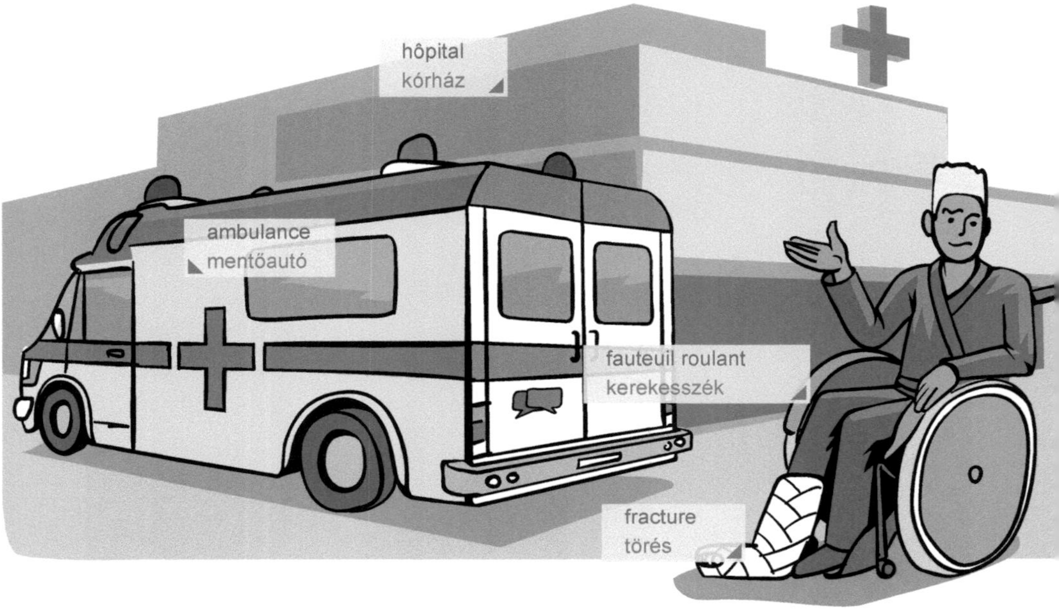

hôpital
kórház
ambulance
mentőautó
fauteuil roulant
kerekesszék
fracture
törés

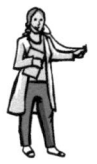

médecin

orvos

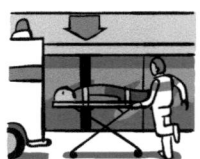

service des urgences

sürgősségi osztály

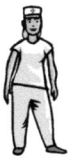

infirmière

ápoló

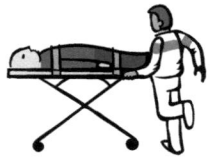

urgence

vészhelyzet

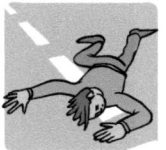

inconscient

eszméletlen

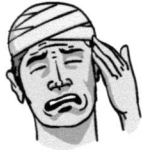

douleur

fájdalom

blessure

sérülés

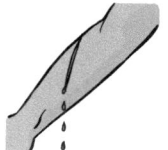

hémorragie

vérzés

crise cardiaque

szívroham

attaque cérébrale

szélütés

allergie

allergia

toux

köhögés

fièvre

láz

grippe

influenza

diarrhée

hasmenés

mal de tête

fejfájás

cancer

rák

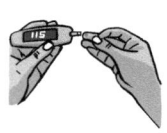

diabète

cukorbetegség

chirurgien

sebész

scalpel

szike

opération

mütét

CT
CT

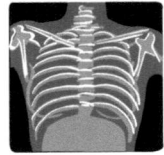

radiographie
röntgen

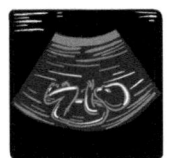

échographie
ultrahang

masque
arcmaszk

maladie
betegség

salle d'attente
váróterem

béquille
mankó

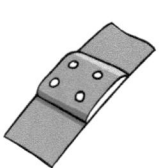

pansement
sebtapasz

pansement
kötszer

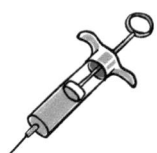

injection
injekció

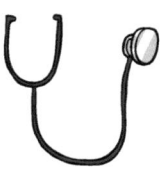

stéthoscope
sztetoszkóp

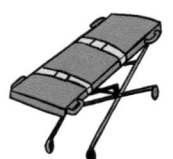

brancard
hordágy

thermomètre
klinikai hőmérő

accouchement
születés

surcharge pondérale
túlsúly

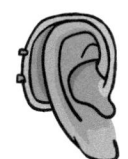

appareil auditif

hallókészülék

désinfectant

fertőtlenítőszer

infection

fertőzés

virus

vírus

VIH / sida

HIV/AIDS

médicament

orvosság

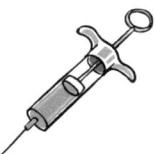

vaccination

oltás

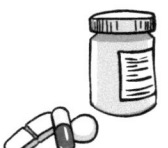

comprimés

tabletták

pilule

tabletta

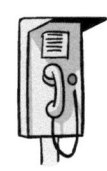

appel d'urgence

sürgősségi hívás

tensiomètre

vérnyomásmérő

malade / sain

betegség / egészség

Au secours !

Segítség!

alarme

riasztás

assaut

rajtaütés

attaque

támadás

danger

veszély

sortie de secours

vészkijárat

Au feu!

tűz!

extincteur

tűzoltókészülék

accident

baleset

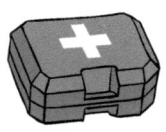

trousse de premier secours

elsősegélycsomag

SOS

SOS

police

rendörség

Europe

Európa

Amérique du Nord

Észak-Amerika

Amérique du Sud

Dél-Amerika

Afrique

Afrika

Asie

Ázsia

Australie

Ausztrália

Océan atlantique

Atlanti-óceán

Océan pacifique

Csendes-óceán

Océan indien

Indiai-óceán

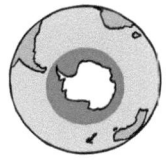

Océan antarctique

Déli-óceán

Océan arctique

Jeges-tenger

pôle nord

Északi-sark

pôle sud

Déli-sark

Antarctique

Antarktisz

terre

föld

pays

szárazföld

mer

tenger

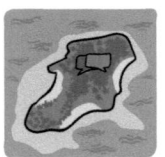

île

sziget

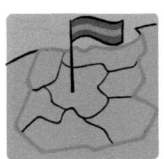

nation

nemzet

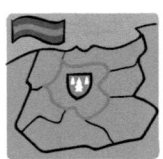

état

állam

cadran

számlap

aiguille des heures

kismutató

aiguille des minutes

nagymutató

aiguille des secondes

másodpercmutató

Quelle heure est-il ?

Mennyi az idő?

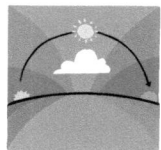

jour

nap

temps

idő

maintenant

most

montre digitale

digitális óra

minute

perc

heure

óra

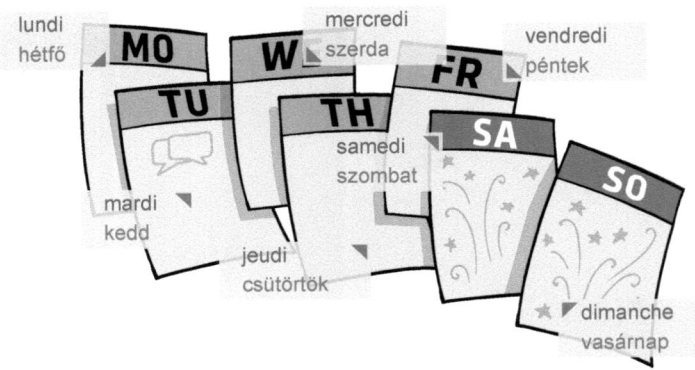

lundi / hétfő
mardi / kedd
mercredi / szerda
jeudi / csütörtök
vendredi / péntek
samedi / szombat
dimanche / vasárnap

hier
tegnap

aujourd'hui
ma

demain
holnap

matin
reggel

midi
dél

soir
este

MO	TU	WE	TH	FR	SA	SU
1	2	3	4	5	6	7
8	9	10	11	12	13	14
15	16	17	18	19	20	21
22	23	24	25	26	27	28
29	30	31	1	2	3	4

jours ouvrables
hétköznap

MO	TU	WE	TH	FR	SA	SU
1	2	3	4	5	6	7
8	9	10	11	12	13	14
15	16	17	18	19	20	21
22	23	24	25	26	27	28
29	30	31	1	2	3	4

week-end
hétvége

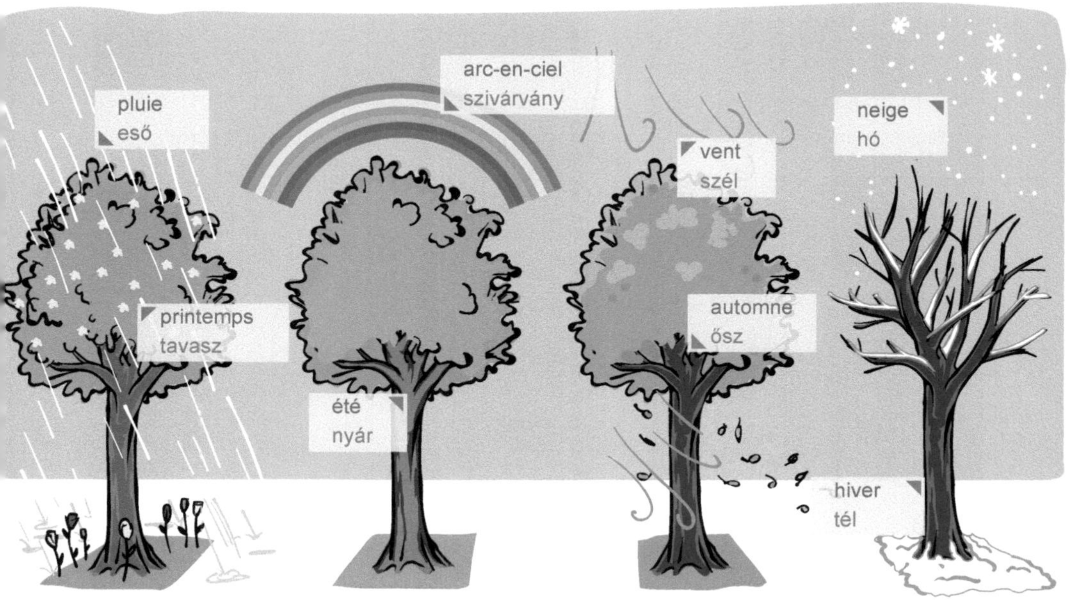

pluie	arc-en-ciel		neige
eső	szivárvány	vent	hó
		szél	
printemps		automne	
tavasz		ősz	
	été		hiver
	nyár		tél

météo
....
időjárás előrejelzés

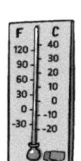

thermomètre
....
hőmérő

lumière du soleil
....
napsütés

nuage
....
felhő

brouillard
....
köd

humidité
....
páratartalom

foudre

villámlás

tonnerre

mennydörgés

tempête

vihar

grêle

jégeső

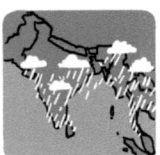

mousson

monszun

inondation

áradás

glace

jég

janvier

január

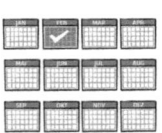

février

február

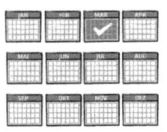

mars

március

avril

április

mai

május

juin

június

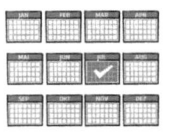

juillet

július

août

augusztus

septembre

szeptember

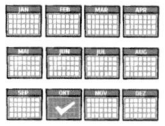

octobre

október

novembre

november

décembre

december

formes
alakzatok

cercle

kör

carré

négyzet

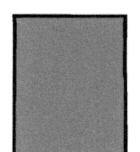

rectangle

téglalap

triangle

háromszög

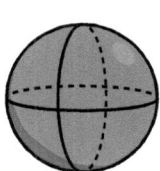

sphère

gömb

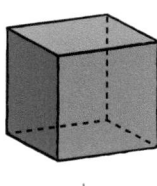

cube

kocka

couleurs

színek

blanc

fehér

jaune

sárga

orange

narancs

rose

rózsaszín

rouge

piros

violet

lila

bleu

kék

vert

zöld

marron

barna

gris

szürke

noir

fekete

beaucoup / peu

sok / kevés

fâché / calme

mérges / nyugodt

joli / laid

szép / csúnya

début / fin

kezdet / vég

grand / petit

nagy / kicsi

clair / obscure

világos / sötét

frère / soeur

fivér / növér

propre / sale

tiszta / koszos

complet / incomplet

teljes / nem teljes

jour / nuit

nappal / éjszaka

mort / vivant

halott / élö

large / étroit

széles / keskeny

comestible / incomestible

ehető / nem ehető

méchant / gentil

gonosz / kedves

excité / ennuyé

izgatott / unott

gros / mince

kövér / vékony

premier / dernier

első / utolsó

ami / ennemi

barát / ellenség

plein / vide

teli / üres

dur / souple

kemény / puha

lourd / léger

nehéz / könnyű

faim / soif

éhség / szomjúság

malade / sain

betegség / egészség

illégal / légal

illegális / legális

intelligent / stupide

intelligens / buta

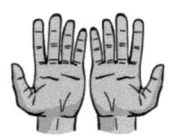

gauche / droite

bal / jobb

proche / loin

közel / távol

nouveau / usé
új / használt

rien / quelque chose
semmi / valami

vieux / jeune
idős / fiatal

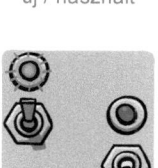

marche / arrêt
be / ki

ouvert / fermé
nyitva / zárva

faible / fort
csendes / hangos

riche / pauvre
gazdag / szegény

correct / incorrect
helyes / helytelen

rugueux / lisse
érdes / sima

triste / heureux
szomorú / vidám

court / long
rövid / hosszú

lent / rapide
lassú / gyors

mouillé / sec
nedves / száraz

chaud / froid
meleg / hideg

guerre / paix
háború / béke

0

zéro

nulla

1

un / une

egy

2

deux

kettő

3

trois

három

4

quatre

négy

5

cinq

öt

6

six

hat

7

sept

hét

8

huit

nyolc

9

neuf

kilenc

10

dix

tíz

11

onze

tizenegy

12

douze
tizenkettő

13

treize
tizenhárom

14

quatorze
tizennégy

15

quinze
tizenöt

16

seize
tizenhat

17

dix-sept
tizenhét

18

dix-huit
tizennyolc

19

dix-neuf
tizenkilenc

20

vingt
húsz

100

cent
száz

1.000

mille
ezer

1.000.000

million
millió

anglais

angol

anglais américain

amerikai angol

chinois mandarin

mandarin kínai

hindi

hindi

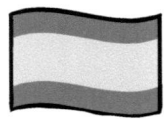

espagnol

spanyol

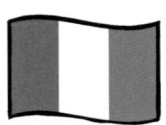

français

francia

arabe

arab

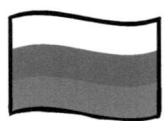

russe

orosz

portugais

portugál

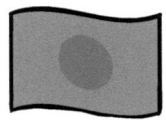

bengali

bengáli

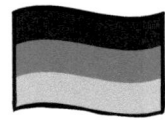

allemand

német

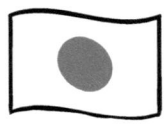

japonais

japán

je

én

tu

te

il / elle / ce, c', cela

ö

nous

mi

vous

ti

ils / elles

ök

Qui ?

ki?

Quoi ?

mi?

Comment ?

hogyan?

Où ?

hol?

Quand ?

mikor?

nom

név

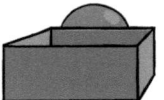

derrière

mögött

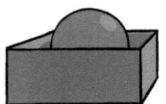

dans

benne

devant

elötte

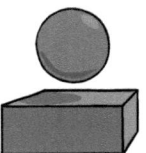

au-dessus

felette

sur

rajta

en-dessous

alatta

à côté de

mellett

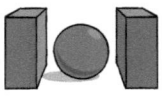

entre

között

lieu

hely